SCHLOSS MORITZBURG

Es fotografierte Wilfried Grahl
Den Text schrieb Hermann Thomas

FALKEN

Einband Vorderseite:
Abendglanz über Landschaft und Schloß

Einband Rückseite:
Einer der mächtigen Rundtürme des Schlosses

Ergänzender Fotonachweis
H. Thomas: Bild 37

CIP-Titelaufnahme der Deutschen Bibliothek

Schloss Moritzburg / es fotografierte Wilfried Grahl. Den Text schrieb Hermann Thomas. – Niedernhausen/Ts.: FALKEN, 1991 (FALKEN-Sachbuch)
ISBN 3-8068-3524-1
NE: Grahl, Wilfried; Thomas, Hermann

ISBN 3 8068 3524 1

Titelbild und Rücktitel: Grahl
Fotos: Grahl
Grafische Gestaltung: Hans-Jörg Sittauer
Gesamtherstellung: Verlag und Druckerei Fortschritt Erfurt GmbH

817 2635 4453 6271

Mit dem Namen Moritzburg verbindet man vor allem das heitere Bild des von 1723 bis gegen 1730 erbauten Barockschlosses Augusts des Starken. Es gilt zu Recht als eines der schönsten und typischsten Denkmale des sogenannten sächsischen Barocks und repräsentiert die geistige Haltung der Zeit des Absolutismus, in der nicht das Gute, sondern das Schöne; nicht Gerechtigkeit, sondern Größe; nicht das Vernünftige, sondern das Außerordentliche die Handlungen und Entscheidungen von Regenten geprägt haben soll.

Der Name »Moritzburg« galt jedoch nicht nur für das Schloß, sondern viel früher schon für die alte Burg, die an der Stelle des heutigen Schlosses stand, und damit für die gesamte Landschaft ringsum. Kaum an einem anderen Ort ist eine Jagdburg so eng mit der Geschichte der umgebenden Landschaft verknüpft wie hier, die von den ältesten Zeiten an zur Jagd, später auch zur Karpfenzucht, immer aber auch dem höfischen Vergnügen diente und entsprechend gestaltet worden ist.

Dieses Waldgebiet, das sich rechtsseits der Flußterrasse der Elbe noch hinter den Weinbergen zwischen Dresden und Meißen erstreckte, galt seit der Besiedlung des Landes zwischen Elbe und Oder durch Deutsche im 12. Jahrhundert als Frydewald und damit als Jagdforst vor allem für die Fürsten und späteren Kurfürsten aus dem sächsischen Herrschergeschlecht der Wettiner. Dieser Wald ist bis jetzt in einem ausgedehnten Rest unter dem Namen des heutigen Landschaftsschutzgebietes »Friedewald und Moritzburger Teichgebiet« erhalten.

Für das damals weite Jagdrevier wurde ein Stützpunkt benötigt, der zudem als Zufluchtsort in unruhigen Zeiten oder in unsicherem Gelände dienen konnte. Selbst wenn wir nicht genau wissen, wo dieses erste »Jägerlager« gelegen haben mag, ist aus dem Namen »Jägerlager zum Eisenberg« zu entnehmen, daß es sich auf einem Hügel, einem »Berg« befunden haben muß. Bei der Suche nach seinem ersten Standort hat der Name »Eisenberg«, der erstmals 1206 und regelmäßig seit 1295 in Urkunden enthalten ist, zu vielerlei Vermutungen Anlaß gegeben. Raseneisenerz, um das es sich allein handeln kann, falls man den Rohstoff zur Roheisenerzeugung mit diesem Namen in Verbindung bringt, kommt nirgendwo auf Bergen vor. Auf Bergen pflegte man jedoch Befestigungen anzulegen, über deren Palisaden oder Wehrmauern die geschmiedeten Lanzen- und Pfeilspitzen, die Saufedern, anderes Jagdgerät oder Waffen in der Sonne blinken mochten. So wird heute angenommen, daß der Name Eisenberg diesen Ursprung hat.

Einfacher ist es dagegen, nach der ältesten Quelle des auffälligen Namens zu suchen. Zwei Urkunden im Staatsarchiv Dresden geben darüber Auskunft. Die früheste aus dem Jahr 1206, zugleich die erste Urkunde, die den Namen Dresdens enthält, führt einen Hugo de Ysenberg an, der als der älteste uns bekannte vom Eisenberg gelten könnte, wenn sich die Historiker darin einig wären. Denn andere wollen wissen, daß dieser Hugo aus der Gefolgschaft der Fürsten aus den westelbischen Gebieten stamme. In der Urkunde des Jahres 1295 wird die Situation von den vorsichtigen Chronisten dagegen als eindeutig interpretiert. Der dort genannte Hermannus de Ysenberg war in einem anderen Dokument auch als »Capellan« des Markgrafen Friedrich bezeichnet worden. Da er darüber hinaus zwischen 1295 und 1305 fünfmal in Urkunden auftaucht und zudem Einkünfte aus der Brückenkapelle erhielt, haben wir es wohl mit dem ersten schriftlich genannten Bewohner des heutigen Moritzburger Gebietes zu tun.

Fragt man nach der genauen Lage dieses Eisenberges, dann wurde bislang fast ausschließlich an den Burgberg oder Burghügel gedacht, den Standort der sogenannten Alten oder Hohen Burg, etwa 500 Meter westlich des Schloßteiches, deren Ruinen erst im 18. Jahrhundert abgetragen und zu den jetzigen Bauten in der Kulturlandschaft Moritzburg mit verwendet worden sind. Genausogut käme aber auch der Standplatz des jetzigen Schlosses in Frage, der wenigstens seit 1542 nachweisbar mit »Jagdhäusern« – zuerst der Moritzburg und dann dem Schloß Augusts des Starken – bebaut war. Neuerdings wurde beim Betrachten alter sächsischer Landkarten die Aufmerksamkeit auch auf den Langen Berg, einen Höhenzug unterhalb bzw. südlich der beiden Altenteiche gelenkt. Dort ist noch um 1570 ein Gebäude eingetragen, das als Jagdhaus gedient haben könnte, zumal auf einer weiteren Karte im gleichen Gebiet ein Schneisenstern zu erkennen ist, der für die Jagd von viel größerem Interesse sein mußte als für die Forstwirtschaft, die damals der Jagd ganz und gar untergeordnet war. Bis jetzt ist die Diskussion noch nicht entschieden, so daß wir uns für das »Jägerlager« auf dem Eisenberge drei mögliche Standorte, die vielleicht sogar nacheinander benutzt worden sind, vorstellen können.

Daß die Jagd vor allem vom sächsischen Herrschergeschlecht seit jeher mit Leidenschaft betrieben wurde, geht auch daraus hervor, daß die Wettiner seit 1350 als Reichserzjägermeister am Kaiserhof in Prag bzw. Wien bestallt waren. Einen noch überzeugenderen Beweis dieser Jagdpassion bietet die Sammlung von außergewöhnlich starken Hirschtrophäen im Speisesaal von Schloß Moritzburg, die nur in Jahrhunderten intensiver Jagdausübung zusammengetragen werden konnte.

Im 16. Jahrhundert sind es zwei Aktivitäten des sächsischen Herrschergeschlechts, die das Gesicht der werdenden Kulturlandschaft prägen und sogar verändern. Zuerst wird nördlich der Alpen der vielgerühmte Fisch »carp« bekannt, der wegen seines Wohlgeschmackes auf jede fürstliche Tafel gehören sollte. Die Kunst, Karpfen in Teichen zu halten, war vom Heimatgebiet des Karpfen – den zum Schwarzen Meer fließenden Flüssen – während mehrerer Jahrhunderte über Ungarn, Mähren, Böhmen und Österreich immer mehr nach Norden gerückt. Kaiser Maximilian I. hatte in seinem Jagdbuch um 1500 schließlich durch genaue Anweisungen und farbige Illustrationen erläutern lassen, wie die Teiche zu gestalten und zu bewachen sind, damit die begehrten Fische auch tatsächlich nur auf die fürstliche Tafel kamen. Offensichtlich im Besitz dieser Anleitung, wurde unter Georg dem Bärtigen vom Jahre 1500 an im Moritzburger Gebiet zügig mit der Anlage von Teichen begonnen, indem man die zahlreich vorhandenen Sümpfe durch Dämme mit Wasser anstaute, so daß Teiche zur Fischwirtschaft entstanden. 1730 wurde als etwa siebzigster! und letzter der westliche Schloßteich angelegt, der dem neuen Schloß Augusts des Starken zugleich den Charakter eines »Wasserschlosses« verleihen sollte.

Wir kehren aber in die Mitte des 16. Jahrhunderts zu Moritz von Sachsen zurück. Im Rahmen seiner Machtpolitik wird die Kurwürde in das Meißen-Dresdner Sachsenland zurückgeholt und damit der Grundstock zum Ausbau der damals unscheinbaren Ansiedlung Dresden zur späteren Residenzstadt gelegt. Dieser Moritz, Dux und Elektor, also Herzog und Kurfürst der Sachsen, hält 1542 einen felsigen Grund am Rande des Mosebruches, eines natürlichen Waldteiches mitten im Friedewald, für geeignet, sein fürstliches Jagdhaus zu tragen. Es erhält seine charakteristische Silhouette von vier Ecktürmen, die damals durch Wehrmauern mit Schießscharten verbunden waren. Selbst wenn die Inschrift um 1658: »Ich ergetze meinen Fürsten, / den nach Jagdlust pflegt zu dürsten; / Kurtzweill ist hier gut zu treiben, / Wer nicht kann, der lass es bleiben« mehr Gemütlichkeit verspricht, hat es zeit seiner Existenz den Charakter einer wehrhaften Anlage und erhält den bleibenden Namen Moritzburg, den trotz der späteren Bemühungen von August dem Starken um eine Dianenburg die Geschichte nicht mehr auslöschen wird. Das Modell dieser Moritzburg ist im Neuen Schloß ausgestellt und kann dort im Steinsaal von jedermann angesehen werden. Das innerhalb der Türme und Mauern gelegene eigentliche Jagdhaus dieser Moritzburg läßt sich mit seiner Raumaufteilung und dem außen angefügten Treppenturm mit dem in den Weinbergen der Lößnitz gelegenen Weinbergschlößchen »Haus Hoflößnitz« vergleichen.

Wein baute man aber damals auch auf Südhängen und Erhebungen vor der Moritzburg selbst an. Moritz von Sachsen äußerte sich sogar sehr anerkennend über den gekelterten Wein, der so gut wäre, daß er »beim Trinken das ganze Maul verklebet hätte«. Wir denken eher, daß ein arg säurereicher Jahrgang gekeltert worden war, dem findige Kellermeister mit Hilfe von Honig zur nötigen Restsüße verholfen haben. Im heutigen Ort Moritzburg gibt es noch eine Weinbergstraße, wie man auch am Südhang des Kirchberges noch die alten Weinbergmauern finden kann und Reste eines Weinberghäuschens auf einer dritten Erhebung.

Trotzdem scheint die alte Moritzburg nur wenig Gastlichkeit geboten zu haben. Nach Moritz von Sachsen haben alle folgenden Landesherren bauliche Ergänzungen vorgenommen, ohne den Charakter einer Burg verändern zu können. Die Jagd erforderte damals aber nicht den Aufwand, den die später ins Maßlos-Großartige erweiterte Hofhaltung notwendig machte. Jagd war einstmals etwas für sportliche und wehrhafte Männer, und man trat dem Wild Auge in Auge mit der blanken Waffe entgegen. Um trotzdem für die tägliche Tafel ständig Wild parat zu haben, legte man erste Tiergärten an. So auch in Moritzburg, denn der vielleicht schon längere Zeit bestehende alte Tiergarten an der Westseite der Moritzburg wird schließlich 1603 ummauert. Ein Tiergarten ist seitdem immer nachweisbar, selbst wenn sein Standort häufig wechselte: zuerst westlich der Moritzburg, dann im Osten des Hellhauses, auch zwischen dem Großteich und der Straße nach Radeburg, wo er heute wohl seinen endgültigen Platz gefunden hat.

Seit Jahrhunderten bot die Jagd den eigentlichen Fleischerwerb für die Hofhaltung. Die Landwirtschaft war wenig entwickelt, und die Jagdfron verbot den Bauern, gegen die übermäßig hohen Wildbestände vorzugehen, die die Äcker, Saaten und Ernten verwüsteten, von den Jagden ganz zu schweigen, bei denen man die Felder der Untertanen in keiner Weise achtete. Alle Bauernunruhen in früheren Zeiten forderten deshalb auch die Abschaffung der Jagdfron; so wie einstmals die Jagd das Recht aller gewesen war, bevor der Adel es an sich nahm, bis er später unter Kurfürst »Vater August«, dem Bruder »unseres« Moritz, selbst an der Jagd entmündigt wurde. Sie war nun zumindest als »Hohe Jagd« auf wehrhaftes und edles Wild nur noch dem Landesfürsten vorbehalten.

In dieser Zeit bekämpfte man das wehrhafte »Raubzeug«, das den Jagdinteressen des Fürsten entgegenstand. Luchs, Bär und Wolf wurden erbarmungslos gejagt und ausgerottet; einer der letzten Wölfe im Moritzburger Gebiet wurde 1618 gestreckt, wie die Inschrift am Denkmal im Friedewald, auf halbem Wege zwischen der Gaststätte »Zum Auer« und dem Ortseingang Weinböhla, noch heute verkündet.

Unter den Wettinern wird die Landschaft vor allem im 16. Jahrhundert zielgerichtet für Jagd- und Teichwirtschaft gestaltet. Wir erinnern an die Anlage von etwa 70 Teichen, an einen ersten Schneisenstern, der nur zur Jagd gedient haben kann, und an den Bau der Moritzburg ab 1542. Hinzu kommt die »Bereinigung« des Jagdforstes Friedewald von der störenden bäuerlichen Ansiedlung Kreyern. Dieses Dorf, mitten im Friedewald gelegen, wird 1421 als Kreyer erstmals in einer Urkunde genannt. Das dazugehörige Vorwerk hatte Moritz um 1545 samt landwirtschaftlichen, forstlichen, fischereiwirtschaftlichen und vor allem jagdlichen Rechten schon in seine Hand gebracht. Sein im Amt folgender Bruder August ließ die Bewohner von Kreyern durch seinen Sekretär dann darauf hinweisen, daß er ihr weiteres Wohnen dort nicht mehr »leiden« könne und »gnädich« ihre Umsiedlung bewillige. So wurden 1557 nun 21 Familien nach der Zaschendorfer und Coswiger Flur ausgesiedelt und dadurch die Ansiedlung Neu-Zaschendorf begründet.

Kurfürst August hatte zugleich die letzten noch in fremder Hand befindlichen Jagdrechte an Hoher und Niederer Jagd im Friedewald von Hans von Miltitz für 1000 Gulden erworben, so daß die gesamte Jagd hier von der Mitte des 16. Jahrhunderts an in der Hand der Wettiner konzentriert war.

1661 kam es zum ersten gravierenden Eingriff in den Charakter der Jagdburg, weil man eine Kapelle für notwendig erachtete, die nur nach außen angesetzt werden konnte. Später gesellte sich zwischenzeitlich sogar noch ein Theateranbau hinzu, als in die Hochzeitsfeierlichkeiten des Kurprinzen Friedrich August II. im Jahre 1719 auch die Moritzburger Landschaft einbezogen wurde. Spätestens hier war sichtbar geworden, daß mit provisorischen Lösungen keine standesgemäße Hofhaltung mehr ausgeführt werden konnte. Es wundert deshalb nicht, daß August der Starke, 1694 als Kurfürst an die Macht gekommen und 1697 zum König in Polen gewählt, schon um 1700 Pläne eines völligen Neubaus hegte und 1703 die alte Burg abreißen lassen wollte.

Mit immer aufwendigerer und prächtigerer Hofhaltung während der Barockzeit, mit großen Jagden, an denen fast der ganze Hof teilnahm, und vor allem auch mit dem Anspruch eines Königs in Polen war die alte Burg viel zu klein geworden, weil sie weder den repräsentativen Anforderungen genügte, noch Platz zur Bewirtung von Gästen bot und auch Pferde, Hunde und Jagdgeräte nicht im erforderlichen Maße aufnehmen konnte. Im Absolutismus diente die Jagd vor allem der Repräsentation. Sie war nicht mehr, wie in früheren Zeiten, die Passion von Weidmännern, sondern zum landesherrlichen Vorrecht geworden, wurde mit Prunk und Pomp organisiert, zum höfischen Vergnügen gemacht und endete schließlich im Herbeitreiben riesiger Mengen Wildes, das in den sogenannten eingestellten Jagden von der erlauchten Gesellschaft von sicheren Ständen herab zu Tode gebracht wurde. Dabei hatte der Landesfürst überall seine adligen Mitbewerber um die Jagdausübung beiseite gedrängt und die Hohe Jagd ganz allein in seine Hand gebracht. Jetzt wurde die Jagd von den großen Schlössern wie Augustusburg, Moritzburg oder Hubertursburg aus immer mehr auch dazu benutzt, vor allem Macht, Größe und Reichtum zu repräsentieren.

Aber der Nordische Krieg, die schwedische Besetzung Sachsens, die Neubegründung des Königtums in Polen nach dem Abzug der Schweden und die vielen anderen Repräsentationsbauten in und um Dresden verbrauchten die Mittel zuerst, bevor an die neue Dianenburg, die standesgemäße Residenz für August den Starken als Jagdherrn und die Huldigung der Jagdgöttin Diana gedacht werden konnte.

Dem neuen Schloß kam die lange Planungszeit außerordentlich zugute. Die ersten Entwürfe, an denen sich übrigens August der Starke selbst beteiligte, sahen zunächst im Grundriß einen Zentralbau ganz nach dem Zeitgeschmack vor. Erst in der zwanzigjährigen Zeitspanne bis zum Baubeginn gaben die Architekten des Königs dem Jagdschloß seine heutige, unverwechselbare Gestalt. Zuerst war nur Marcus Conrad Dietze mit der Planung beauftragt. Danach wurden Zacharias Longuelune und Johann Christoph Knöffel hinzugezogen. Aber ohne des Königs Oberlandbaumeister

Matthäus Daniel Pöppelmanns Rat und Mitarbeit konnte ein solcher Bau mit Sicherheit nicht vorangetrieben werden. Nach den neueren Forschungen sieht es sogar so aus, als ob das Schloß in seiner heutigen Gestalt allein auf Pöppelmanns Plänen fußt und damit die Genialität dieses einzigartigen Baumeisters des Dresdner Barocks bis in unsere Zeit begründet. Das Augenmerk galt keineswegs nur dem äußeren Bild. Fritz Löffler schreibt: »Bei der Innenausstattung wirkten wiederum die besten Kräfte mit, über die das augusteische Zeitalter verfügte. Als verantwortlich für die Gesamtausstattung zeichnete Raymond Leplat; Monströsen- und Billardsaal erreichen den Höhepunkt festlichen Glanzes 1731. In die monumentale Malerei teilten sich Louis de Silvestre und Lorenzo Rossi. Den Figurenschmuck auf der Terrasse fertigten Benjamin Thomae und Johann Christian Kirchner. Das kostbare Mobiliar, auch die Lackmöbel, von ersten Bildhauern geschnitzt, kamen ebenso wie die Tapeten, die Gläser und die Porzellane zunächst einmal aus den heimischen Manufakturen, wenn auch fremde Einzelstücke zur Ergänzung glücklich beitrugen. Die Sorgfalt der Ausstattung ging bis in die letzte Kleinigkeit. Es gab nichts, was in Form und Ausführung nicht erst durchdacht und dann souverän gestaltet worden wäre.«

Dem Besucher, der auf der langen Allee aus Dresden kommend dem Schloß entgegenwandert, fallen zuerst die vier Türme auf. In der Kombination mit dem Hauptbau sind die Bauteile so geschickt aneinandergefügt, daß die Tradition zum Vorgängerbau gewahrt und trotzdem aus der Renaissanceburg etwas völlig Neues entstanden ist: das Jagdschloß Augusts des Starken. Vom Rande des Teiches, in dem sich das Schloß wie eine Fata Morgana über seinem Spiegelbild erhebt, soll es sich nach alten Chroniken über Insel und Terrasse ins Monumentale gesteigert haben. Diesen Eindruck gewinnt man heutzutage jedoch nur noch von der Parkseite, von der aus der massige Hauptbau mit den wuchtigen Türmen tatsächlich den älteren Berichten Recht gibt. Die gleichermaßen neue wie alte Farbgebung, die mit Hilfe des Instituts für Denkmalpflege und vieler fleißiger

Handwerker die Dresdner Seite von Schloß Moritzburg inzwischen ziert, erhebt den Eindruck dieses Inselschlosses jetzt dagegen ins Romantisch-Märchenhafte, wenn man die vielen Besucher aus aller Welt nach ihren Eindrücken fragt.

Nach dem Inferno des zweiten Weltkrieges ist Schloß Moritzburg eines der wenigen erhalten gebliebenen Beispiele, an dem sich ablesen läßt, was Dresdner Baukunst zur Zeit Augusts des Starken bedeutet hat, welche Könnerschaft und Genialität damals in Dresden vereint die Stadt des Barocks geschaffen und das umgebende Territorium gestaltend einbezogen hat.

Über dem Haupteingang leuchten dem Besucher auf kornblumenblauem Grund die Initialen ARP – Augustus Rex Poloniae – entgegen. Eine Etagenhöhe darüber ist das polnische Wappen zu sehen. Darin verkörpern der weiße Adler die polnische Adelsrepublik und der »litauische Reiter« die Tatsache, daß sich Litauen 1413 an Polen angeschlossen hatte und seit 1501 beide Staaten unter einem einzigen Oberhaupt regiert wurden. Ins Zentrum sind die Symbole für Kurwürde und Reichserzmarschallamt der Wettiner sowie das sächsische Wappen eingefügt, so daß aus der Sicht Augusts des Starken die hauptsächlichen Territorien seines Herrschaftsbereichs und seine wichtigsten Würden dargestellt sind. Die plastisch ausgeformte Krone bringt dann nochmals zum Ausdruck, daß der Jagdgast oder Besucher das Schloß eines Königs und nicht nur das Jagdhaus eines Fürsten betritt.

Auf seine jagdliche Bestimmung weisen schon die vielen Jagdtrophäen in den Wagenhallen und Treppenhäusern hin. In den vier Hauptsälen des Schlosses dominiert ebenfalls die jagdliche Aussage: Die stärkste Rothirschtrophäensammlung der Welt bildet den vorherrschenden Schmuck des alten Speisesaales, kapitale Elch- und Rentrophäen beherrschen zusammen mit dem gewaltigen Geweih eines Riesenhirsches – ein Geschenk des russischen Zaren Peter I. – den Steinsaal. Eine außergewöhnliche Sammlung monströser Hirschgeweihe findet sich im Dianensaal, und nur der Billardsaal ist »lediglich« mit bildlichen Darstellungen zur Jagd, auf Lederuntergrund, wandhohen Gobelins ähnlich, geschmückt. Verweilen wir aber noch im Dianensaal. Die

Darstellung der vor Jahrtausenden im Mittelmeerraum verehrten Jagdgöttin entstammt der römischen Mythologie. Da die Kirche zunächst keine Stellung zur Jagd bezog und erst spät einen Sankt Hubertus auf einem Nimrod fußend, ohne Liebreiz phantasielos der Jagdgöttin entgegenstellte, mußte der Wettlauf zwischen beiden so lange zu Gunsten der jungfräulichen Diana ausfallen, wie Anmut und Liebreiz, amouröse Phantasien, galante Szenerien und höfische Feste das Leben am Hof bestimmten. Zur Zeit Augusts des Starken galt es als größte Ehre für eine Dame, zu Festen oder Fasching die Jagdgöttin Diana verkörpern zu dürfen. Den Gräfinnen Cosel und von Dönhof wurde diese Ehre zuteil, und noch die Enkelin Augusts des Starken ist im Gästezimmer von Schloß Moritzburg als Diana dargestellt.

Erst mit dem Sohn Augusts des Starken konnte sich auch in Sachsen gläubig-puritanische Haltung ausbreiten und die Fröhlichkeit, die unter dem Vater am Hofe geherrscht hatte, verdrängen. August selbst hatte Moritzburg als »temple de Diana« bezeichnet! Dianenburg war die entsprechende Eindeutschung, und wie ernst damals eine solche Zuordnung gemeint war, geht aus der Beschriftung eines alten Kupferstiches von Schloß Moritzburg hervor: »Prospect des Königlich Polnischen und Churfürstlich Sächsischen schönen Jagd- und Lustschlosses, vormals Moritzburg, jetzo Dianenburg genennet.« – So gilt der Dianensaal mit den wandhohen Darstellungen von Begebenheiten aus dem Leben der Jagdgöttin als schönster und inhaltsschwerster Saal des Schlosses Augusts des Starken.

Diana konnte dem sächsichen Kurfürsten jedoch nur zum Erfolg bei der Jagd auf edles Wild, nicht aber zum polnischen Thron verhelfen. Am Schloß Moritzburg befindet sich daher auch eine katholische Kapelle. Sie wurde unter Johann Georg II., dem Großvater Augusts des Starken, zuerst als protestantischer Kirchenbau gegründet und geweiht, unter August dem Starken jedoch, der zum Katholizismus übergetreten war, zu Weihnachten 1699 erstmals für den nunmehr auch katholischen Hof benutzt. Nur durch dieses Entgegenkommen war die Unterstützung des Papstes für die Königswahl Augusts in Polen zu erlangen.

Wenn wir uns weiter im Schloß umsehen, dann bestechen neben den ornamental gemusterten Ledertapeten, mit denen fast alle kleineren Räume ausgekleidet sind, vor allem die Bildnisse der Fürstenfamilie, die vielen aus Japan und China stammenden Porzellanvasen, das der Barockzeit zugehörende Mobiliar, welches größtenteils mit ausdrucksstarken Furnieren, oft aber auch mit meisterlichen Intarsien belegt ist. Lederbezogene Stühle mit dem Brandstempel »Moritzburg 1727« entsprechen im Muster jeweils der im Raum verwendeten Tapete. Das Porzellanquartier bringt eine Zusammenstellung interessanter wie wertvoller Porzellane aus der Zeit der Erfindung des europäischen »weißen Goldes« durch Johann Friedrich Böttger und dessen Entwicklung zu künstlerischer Vollkommenheit unter August dem Starken und seinen unmittelbaren Nachfolgern.

Im Speisesaal von Schloß Moritzburg bildet die altehrwürdige Trophäensammlung der Wettiner den beherrschenden Schmuck. In der Fülle einmalig starker und kapitaler Trophäen von mindestens 24 Enden verliert der Betrachter jedes Maß für das zu Schauende, weil ihm in der Massierung von Jahrhunderttrophäen jede Vergleichsmöglichkeit mit einem »normalen« Hirschgeweih fehlt. Auch die auf der Welt stärkste Trophäe, die je ein Jäger erbeuten konnte, ist in der Moritzburger Sammlung zu bewundern.

Wir wandern wieder in die Kulturlandschaft hinaus, zuerst in den Park, der den Übergang zum Jagdforst vermittelt. Nach strengem französischen Vorbild geplant, wird er jetzt erst so rekonstruiert, wie ihn August der Starke selbst nur auf dem eigenhändig signierten Plan als Entwurf gesehen hat, aber wegen seines frühen Todes nicht mehr verwirklichen konnte. Dahinter erstreckt sich rings um das Hellhaus der Jagdstern. In der Darstellung der Baugeschichte von Schloß Moritzburg kann man die vielen Planungsstufen verfolgen, die nötig waren, um entsprechend dem herrschenden Zeitgeschmack das Schloß auf eine seiner Achsen zu bringen und damit auch im Blickpunkt des Jagdgeschehens zu behalten. Das Hellhaus ist jedoch verfallen und wartet auf die vorgesehene Rekonstruktion.

Noch zur Zeit Augusts des Starken wurde 1727 die Kastanienallee angelegt, die von weither direkt durch den Ort auf das Schloß zuführt. Der heute gleichnamige Ort Moritzburg trug bis 1934 den alten Namen Eisenberg. Er besteht aus drei Teilen, die noch recht gut unterscheidbar sind: dem alten Eisenberger Dorfkern mit seinen typisch bäuerlichen Anwesen, den dem neuen Schloß zugeordneten Bediensteten- und Handwerkerhäusern längs der Allee nach Dresden und schließlich den Neubauten aus jüngerer Zeit zwischen und neben diesen beiden Siedlungskernen. Die Künstler- und Handwerkerbauten aus dem Anfang des 18. Jahrhunderts zeigen das Gesicht einheitlicher Planung. Die fast quadratischen Bauten besitzen das Eingangsportal mit bescheidener Verzierung genau in der Mitte des Erdgeschosses, darüber die fünffenstrige Straßenfront des Obergeschosses. Hohe Walmdächer betonen den einheitlichen Eindruck, wie ihn heute beispielsweise noch die Apotheke oder der Mittelbau der Gaststätte »Goldene Brezel« zeigen.

Bemerkenswert sind die Gebäude des jetzigen Hengstdepots am Ende der Allee unmittelbar vor der Schloßinsel. Zur Zeit Augusts des Starken waren hier die Pferde für die Jagd eingestallt. Über dem inzwischen vermauerten Eingang in den Stallhof sehen wir die Nachbildungen der beiden Hofnarren des Königs, Fröhlich und Schmiedel, als warteten sie immer noch auf die Bewunderer ihrer oft derben Späße.

Im Rüdenhof, früher Quartier der Jagdhunde und Hundeführer, verbrachte auf Einladung Ernst Heinrichs von Sachsen – dem letzten der das Schloß bewohnenden Wettiner – die greise Käthe Kollwitz von 1944 bis zum 22. April 1945 ihr letztes Lebensjahr. Der Ausbau dieses Sterbehauses von Käthe Kollwitz zu einer würdigen Gedenkstätte für die Künstlerin ist vorgesehen. Doch nun wieder zurück zu den alten Zeiten.

Der Sohn Augusts des Starken hielt sich als Regent nur wenig in Moritzburg auf. Er baute die vom Vater übernommene Hubertusburg bei Wermsdorf zum Jagdschloß für tausend Gäste aus und ließ die einem strenggläubigen Regenten entsprechende Kapelle mit einer die ganze Decke überspannenden Darstellung des Heiligen Hubertus versehen, so daß er den Anblick der nur leicht geschürzten Diana in Moritzburg nicht ertragen mußte. Wenn während seiner Regentschaft offensichtlich kein Interesse an der baulichen Vervollkommnung der »Dianenburg« bestand, war nach dem Tode Friedrich Augusts II. und dem Ende des Augusteischen Zeitalters sowie der »Brühlschen Wirtschaft« kein Geld mehr vorhanden, die Jagdschlösser den sich wandelnden Stilrichtungen und architektonischen Auffassungen entsprechend zu modernisieren. So ist glücklicherweise Schloß Moritzburg weitestgehend stilrein bis auf unsere Tage gekommen und kann uns den Eindruck jener Zeit vermitteln, die schon lange zur Geschichte geworden ist.

Die politische Situation nach dem Siebenjährigen Krieg (1756–1763) zwingt Sachsen zum endgültigen Verzicht auf die polnische Krone, und die Verelendung, die mit der Niederlage einhergeht, läßt nur noch die Erinnerung an das bewegte Leben unter August dem Starken im Schloß Moritzburg. Sein Urenkel, Friedrich August III., der spätere König von Sachsen, wendet sich ab 1769 der landschaftlich reizvollen Szenerie am Großteich zu und läßt im Stil des Rokoko das intime und verspielte Fasanenschlößchen errichten, das nicht mehr der Repräsentation für einen absolutistischen Herrscher dient, sondern den Mittelpunkt ganzer Landschaftsgestaltung darstellt und einen unmittelbaren Vergleich von Barock und Rokoko erlaubt. Noch einmal gerät die Phantasie ins Schwelgen: Hafen, Mole und Leuchtturm eröffnen dem Fasaneriebereich zum Wasser wie zum Lande viele Sichtbeziehungen. Ein Kanal, der vom Großteich ausgeht, tangiert den alten Entenfang und gibt Anlaß, auch nördlich der Alpen »Die Dardanellen« zu errichten. Er endet in einer schönen Brunnenanlage am Fasanenschlößchen und ermöglichte Bootsausflüge auf Kanal und Großteich. Der erlauchten Gesellschaft konnte so noch runde 100 Jahre nach dem Kampf der Türken um Wien der Schauer des Entsetzens über den Rücken rieseln, wenn entsprechend verkleideter Mummenschanz die Dardanellenmauern am Eingang des Kanals in den Großteich bevölkerte. Auch das Hellhaus wird in dieser Zeit neuerrichtet, die Wildmauer erweitert und die

Sichtachse von der Fasanerie zum Barockschloß geschlagen. Nach der anderen Seite sollte sich eine Schneise für den Weg nach dem traditionsreichen Meißen öffnen, der jedoch unvollendet blieb.

1780 wurde die Waldschänke als Einkehr der Wildheger eingerichtet und seither bis zur jetzigen einladenden Gemütlichkeit immer wieder ausgebaut und modernisiert. Die Mistschänke folgte ab 1795, zunächst nur als Einkehrstätte der Bauern im Frondienst, die Mist aus der Radeburger Flur zu den Weinbergen bringen mußten, mittlerweile aber als beliebte Urlauber- und Touristeneinkehr.

Zum Ausgang des 18. Jahrhunderts endete die Bautätigkeit in der Kulturlandschaft Moritzburg. Das Ensemble diente aber noch immer fürstlicher Repräsentation. So fand die letzte große Jagd im feudalen Stil im Jahre 1908 aus Anlaß des Besuches des spanischen Königs in Sachsen statt. Als Nachklang alter Fürstenherrlichkeit wurden dem Haus Wettin nach der Abdankung des sächsischen Königs 1924 die beiden Moritzburger Schlösser vom Freistaat Sachsen als Wohnsitz überlassen, und es blieb hier bis in die Apriltage 1945. Bauwerke und Kulturlandschaft gingen schließlich in Staatseigentum über, wurden als Museen eingerichtet bzw. die einmalige, über Jahrhunderte gestaltete Landschaft schon 1954 als Landschaftsschutzgebiet bestätigt.

6
7

1 Als Wasserschloß erscheint der mächtige Komplex auf der künstlich gestalteten Insel
2 Auffahrt zum Schloß
3 Wappen des sächsisch-polnischen Königtums
4 Postmeilensäule am Damm zum Schloß
5 Wappen Augusts des Starken
6 Im Schloß: Billardsaal
7 Trophäensammlung im Speisesaal

8
9
10

11
12

8 Im Porzellanquartier
9 Detail der Inneneinrichtung mit Deckelvasen aus Japan
10 Blick ins Augustzimmer
11 Gemahlin Augusts des Starken (Gemälde von einem unbekannten Künstler)
12 August der Starke zu Pferde (Gemälde von Louis de Silvestre)
13, 14 Die Balustrade ist mit Putten und Schmuckvasen besetzt
15 Blick auf die Allee nach Dresden, im Hintergrund Dorfkirche von Moritzburg
16 Kapellenanbau an der Westseite des Schlosses
17 Pikör vor dem Schloß, dahinter der Jägerturm

18
19

18 Kavaliershäuser am Schloßteich
19 Herbststimmung am Teichständer
20 Schloß Moritzburg von Süden gesehen

21
22

21 Freilandazaleen im Park
22 Westliches Parkhaus
23 Abendstimmung am Schloßteich
24 Abfischen am oberen Altenteich
25 Marmorkarpfen aus dem Schloßteich
26 Zum Fischerfest Ende Oktober in Moritzburg
27 Tunnel unter der alten Hohburg
28 Am Heidehofteich

24
25
26

27
28

29
30

29 Schwäne und viele andere Wasservögel finden hier im Teichgebiet Brutplätze
30 Am Sophienteich
31 Verlandungszone am Mittelteich
32 . . . und am Sophienteich
33 Am Frauenteich vorbei nach Bärwalde
34 An der alten Wildmauer
35 Morgenstimmung über dem Frauenteich

31
32

33
34

36
37
38

36, 37 Rot- und Damwild im Tiergarten
38 Brunnen mit Figuren aus der Mythologie
39, 40 Winterstimmung am Leuchtturm und Fasanenschlößchen
41, 42 Fasaneriebereich mit Fasanenschlößchen

39
40

41
42

43
44

43 Haus des Falkners
44 Falkner mit abgerichtetem Habicht
45 Künstliche Ruine an den Dardanellen
46 Leuchtturm und Mole am Großteich
47 In der Moritzburger Flur
48 Am Großteich

45
46

47
48

49
50

49 Badestelle am oberen Großteich
50 Waldschänke, einstige Jägereinkehr
51 Das Wolfsdenkmal erinnert an einen im Jahre 1618 im Gebiet erlegten Wolf
52 Im Kreyerner Forst
53 Wiesenstück bei Moritzburg
54 Blick über den Dippelsdorfer Teich auf Moritzburg
55 Über einen Damm führt hier die Strecke der Kleinbahn

51
52

53
54
55

56 Bahnhof Moritzburg mit Lokomotiven der Schmalspurbahn – Sehenswürdigkeit für Eisenbahnfans
57 Traditionsbahn Radebeul–Moritzburg–Radeburg
58 Dorfbild von Moritzburg
59 Käthe-Kollwitz-Denkmal in Moritzburg

99 1794-9

KÄTHE KOLLWITZ
DER
UNSTERBLICHEN
KÜNSTLERIN
KÜNDERIN UND
KÄMPFERIN
GEB. 8. JULI 1867
IN KÖNIGSBERG
GEST. MORITZBURG
22. APRIL 1945

60
61

60, 61 Pagenhof und Bärenhäusel
62 Sonnenuhr am Haus »Orgelbau Rühle«
63 Adams Gasthof im alten Dorfkern
64 Am Pferdemarkt

1969
Ecce solis tempora
Vincit tempus omnia

62
63
64

65
66

65 Mit dem Viererzug zum Turnierplatz
66 Tor im Bereich des Hengstdepots
67–70 Zu den traditionellen Hengstleistungsschauen werden Hengste der verschiedenen Rassen in Reit- und Fahrvorführungen präsentiert
71 An der Pferdeschwemme